Lee Slonimsky

PITAGORA E GLI ANIMALI

il seguito di *Pyth in love*

un teorema in forma di poema

traduzione di Enrico Bernard

testo originale a fronte

BeaT

© Lee Slonimisky
2004 Beat
Enrico Bernard entertainmentart
Speicherstrasse 61
Trogen 9043 Switzerland
entertainmentart@gmx.net
ISBN: 9783038412267

FOR *MY BROTHER JOEL*

Preface

Pythagoras and the Animals

by Licia Hahn

In this remarkable poetry collection, *Pythagoras and The Animals*, Lee Slonimsky triumphs as master of the sonnet, mathematician of rhyme and rhythm, composer of word music, and seeker and diviner of universal truth.

Former poetry professor, financier, and lifelong student of Pythagorean philosophy , Slonimsky adds this 11th compendium to several preceding collections devoted to Pythagoras: his muse, spiritual guide, and alter-ego. With supremely beautiful and transporting verse, Slonimsky weaves the key tenets of Pythagorean beliefs and their impact on future philosophers, mathematicians, and ultimately himself.

The collection's five-part journey charts a moving and exhilarating awakening of Pythagoras's philosophical and spiritual development which began in Samos, Greece, the place of his birth in 570 BCE:

"…a rough biography of how his deepest vision came to be." (1).

Samos continued to be his north star refuge from Metapontum, Italy, the place of his exile and death:

Prefazione

Pythagora e gli Animali

di Licia Hahn

In questa straordinaria raccolta di poesie, *Pitagora e gli animali*, Lee Slonimsky trionfa come maestro del sonetto, matematico della rima e del ritmo, compositore della musica delle parole, ricercatore e rabdomante della verità universale.

Ex professore di poesia, finanziere e studioso da sempre della filosofia pitagorica, Slonimsky aggiunge questo compendio alle numerose raccolte precedenti dedicate a Pitagora: la sua musa, la sua guida spirituale e il suo alter-ego. Con versi estremamente limpidi e coinvolgenti, Slonimsky intreccia i principi chiave delle credenze pitagoriche e il loro impatto sui futuri filosofi, matematici e, infine, su se stesso.

Il viaggio in cinque parti della raccolta traccia un risveglio commovente e coinvolgente dello sviluppo filosofico e spirituale di Pitagora, iniziato a Samo, in Grecia, il luogo della sua nascita nel 570 a.C:

"... una biografia approssimativa di come nacque la sua visione più profonda". (1).

Samo continuò ad essere la sua stella polare di rifugio da Metaponto, in Italia, luogo del suo esilio e della morte:

"Metapontum's antidote: Samos;
this beach whose gulls well taught Pythagoras." (2)

While none of Pythagoras's writings remain, his achievements are well documented through secondary sources from Ovid and Diogenes to Aristotle. Slonimsky paints a highly nuanced portrait of the man mostly known for his geometric theorem. The poet powerfully conjures the breadth and depth of Pythagoras as philosopher, mathematician, lover, professor and more, by inhabiting his very persona and innermost thoughts. The struggles, hopes, disappointments, fears, regrets, joys, and insights of the world's "first philosopher" are so vividly and masterfully portrayed, that we are convinced that the poet's consciousness and Pythagoras's roving soul are fused in collaborating spirit and mission.
From poem to poem, we travel with Pythagoras along the challenging path to enlightenment as he wrestles with the oppositional pull of:
"…two separate tendencies;
the mystical, the mathematical.
They now emerge anew with leafery;" (3)

"L'antidoto di Metaponto: Samo;
questa spiaggia ove i gabbiani furono i maestri
di Pitagora". (2)

Sebbene non siano rimaste opere di Pitagora, le sue
conquiste sono ben documentate da fonti seconda-
rie, da Ovidio e Diogene ad Aristotele. Slonimsky di-
pinge un ritratto molto sfumato dell'uomo noto so-
prattutto per il suo teorema geometrico. Il poeta
evoca con forza l'ampiezza e la profondità di Pitagora
come filosofo, matematico, amante, professore e al-
tro ancora, immedesimandosi in lui e nei suoi pen-
sieri più intimi. Le lotte, le speranze, le delusioni, le
paure, i rimpianti, le gioie e le intuizioni del "primo
filosofo" del mondo sono rappresentate in modo
così vivido e magistrale che siamo convinti che la co-
scienza del poeta e l'anima errante di Pitagora siano
fuse in uno spirito e in una missione di intima sinergia
tra il poeta Lee e il filosofo greco.
Di poesia in poesia, viaggiamo con Pitagora lungo
l'impegnativo percorso verso l'illuminazione, mentre
lotta con l'attrazione opposta di "due tendenze di-
stinte":
"... due tendenze separate;
la mistica e la matematica.
Esse emergono ora di nuovo con la foglia" (3).

Pythagoras devotes himself to the task of applying the rationalism of mathematics to solve for nature's riddles and opacity.

> "And now there's April's breeze,
> And how its ripples change leaf-patterns so:
> A calculus. Math's challenge for Pythagoras
> to summon theorems from his abacus;
> interpret what spring's leaves and breeze may
know." (4)

Pythagoras struggles with romantic yearnings that are ultimately subjugated to his greater passion: his quest for truth, much as Aneas forsook his beloved Dido for the higher ambition of founding Rome. Slonimsky rhapsodizes about this universal theme of choice: love or the imperative of purpose?

> "His mission was interpreting the plan
> by which arithmetic created All;
> Elena sparked his nature as a man,
> but numbers held his mind in passion's
> [thrall." (5)

We discover Pythagoras's conviction that math is not only his unassailable method of philosophical investigation, but also inherently beautiful:
"…for he cannot distinguish math from art. Arithmetic's aesthetic." (6)

Pitagora si dedica al compito di applicare il razionalismo della matematica per risolvere gli enigmi e le opacità della natura.

"E ora c'è la brezza di aprile,
e come le sue increspature cambiano i disegni delle
[foglie:
Un calcolo. La sfida della matematica per Pitagora
di evocare teoremi dal suo abaco;
interpretare ciò che le foglie e la brezza di primavera
possono sapere". (4)

Pitagora lotta con desideri romantici che alla fine vengono sottomessi alla sua passione più grande: la ricerca della verità, proprio come Aneas abbandonò la sua amata Didone per l'ambizione superiore di fondare Roma. Slonimsky rapsodizza su questo tema universale della scelta: l'amore o l'imperativo dello
[scopo?
"La sua missione era interpretare il piano
con cui l'aritmetica ha creato il Tutto;
Elena accendeva la sua natura di uomo,
ma i numeri tenevano la sua mente in pugno alla
[passione". (5)

Scopriamo la convinzione di Pitagora che la matematica non sia solo il suo inattaccabile metodo di indagine filosofica, ma anche intrinsecamente bella:
"... perché non può distinguere la matematica
[dall'arte.
L'aritmetica è estetica". (6)

Bemoaning time's passing in old age, the poet aptly uses the metaphor of banking:

"He's calm yet wishes so
        for youth's return; he's found out life's a loan,
        the interest payment rising every month." (7)

Pythagoras questions the meaning of life's brevity and gains a hopeful insight:
        "…He can't decide
        if flesh is failure, or if nature's way
         of brevity's to give new life its day,
        and thus death's sacrifice is not in vain. (8)
We accompany Pythagoras during his frequent explorations of forests and beaches, experience the impact of his serial revelations, and become students in the Pythagorean classroom of the natural world.
        "……He can take
        a theorem, he is sure, from ratios
        between wave crumbles and the intervals
        that follow sleekly. Or divide a breeze
        by seagull's swerve to understand her
                                [flight…" (9)
Pythagoras teaches us the merits and rewards of disciplined observation:

Nel lamentare lo scorrere del tempo nella vecchiaia, il poeta utilizza in modo appropriato la metafora della economia finanziaria:

"È calmo, eppure desidera
il ritorno della giovinezza; ha scoperto che la vita è
                                      [un prestito,
gli interessi aumentano ogni mese". (7)

Pitagora si interroga sul significato della brevità della vita e ne trae un'intuizione di speranza:
"... Non riesce a decidere
se la carne è un fallimento, o se la natura ha il modo
della brevità sia quello di dare alla nuova vita il suo
                                      [giorno,
e quindi il sacrificio della morte non è vano". (8)
Accompagniamo Pitagora durante le sue frequenti esplorazioni di foreste e spiagge, sperimentiamo l'impatto delle sue rivelazioni seriali e diventiamo studenti nell'aula pitagorica del mondo naturale.
"......Chi può prendere un teorema
un teorema, ne è sicuro, dai rapporti
tra le onde che si sbriciolano e gli intervalli
che seguono elegantemente. O dividere una brezza
per la sterzata del gabbiano per capire il suo volo" (9)

Pitagora ci insegna i meriti e le ricompense dell'osservazione disciplinata:

"The way waves break on the pebbled shore
        shows how profoundly nature's ruled by
                [math...
    What understanding, watching waves can
        [bring." (10)

Slonimsky reprises the core Pythagorean tenet of common origin through an exquisite sensory moment of discovery:

> "….a round leaf
> fell on his hand, and he perceived a vein
> in its smooth texture. Just about the same
> as his hand. He formed a rough belief in
> common origin: Ants, Lions, Grass." (11)

Pythagoras's adoption of vegetarianism was both a moral and spiritual practice. Pythagoras viewed animals as sentient beings connected with human peers in a shared cycle of reincarnation. In Ovid's *Metamorphosis*, Pythagoras's eithics are made explicit:
"When you place the flesh of slaughtered cattle in your mouths, know and feel, that you are devouring your fellow-creature." (12)
Pythagoras' s early exposure to the Egyptian belief in reincarnation, informed his own theory of the soul's immortality. Animals, birds, and trees were "forms" or housings for transmigrating souls:

"Il modo in cui le onde si infrangono sulla spiaggia
                                            [di ciottoli
mostra quanto la natura sia profondamente
                              [governata dalla matematica...
Quale comprensione può portare l'osservazione
delle   [onde". (10)

Slonimsky ripropone il principio pitagorico dell'origine comune attraverso uno squisito momento di scoperta sensoriale:

".... Una foglia rotonda
gli cadde sulla mano, ed egli percepì una vena
nella sua struttura liscia. Proprio come
come la sua mano. Si formò una convinzione approssimativa sull'origine comune:
Formiche, Leoni, Erba". (11)

L'adozione del vegetarianesimo da parte di Pitagora era una pratica sia morale che spirituale. Pitagora considerava gli animali come esseri senzienti collegati ai simili umani in un ciclo condiviso di reincarnazione. Nelle *Metamorfosi* di Ovidio, l'etica di Pitagora è resa esplicita:
"Quando mettete in bocca la carne del bestiame macellato, sappiate e sentite che state divorando un vostro simile". (12)
La precoce esposizione di Pitagora alla credenza egizia della reincarnazione ha plasmato la sua teoria

"Everything changes, nothing dies: the spirit wanders…occupying whatever body it pleases, passing from a wild beast into a human being, from our body into a beast, but is never destroyed." (13)
In one of many memorable poems, we bear witness to the first experience of transmigration as Pythagoras admires a "gray hawk's square root of glide":

> "He can't decide
> what's more impressive, flight's geometry
> or what her view must be from cloud ribbed
> [perch
> he longs to gaze from heights…a sudden
> [lurch,
> then surge aloft, as wings begin to grow
> upon his back." (14)

In "Pythagoras Looks Ahead," the poet delivers a dramatic and visually arresting depiction of reincarnation and rebirth: Pythagoras becomes a tree. Perhaps the poet, a scholar of Greek philosophy and mythology, recalled Daphne's escape from Apollo by morphing into a laurel tree.

> "His fingers slide so *slowly* into leaves.
> as arms become thick branches. Greenery
> is clothing now, for wear through centuries,
> until his guide bows to mortality
> and he's reborn…"

sull'immortalità dell'anima. Animali, uccelli e alberi erano "forme" o alloggi per le anime che trasmigravano:

"Tutto cambia, nulla muore: lo spirito vaga... occupando qualsiasi corpo gli piaccia, passando da una bestia selvatica a un essere umano, dal nostro corpo a una bestia, ma non viene mai distrutto". (13)

In una delle tante poesie memorabili, siamo testimoni della prima esperienza di trasmigrazione quando Pitagora ammira la "radice quadrata della planata di un falco grigio":

"Non riesce a decidere
cosa sia più impressionante, la geometria del volo
o quale debba essere la sua vista dal trespolo a coste
                              [di nuvole
desidera guardare dall'alto... un'improvvisa sbandata,
e poi un'impennata in alto, mentre le ali cominciano
a crescere sulla sua schiena". (14)

In "Pitagora guarda avanti", il poeta ci offre una rappresentazione drammatica e visivamente sorprendente della reincarnazione e della rinascita: Pitagora diventa un albero. Forse il poeta, studioso della filosofia e della mitologia greca, ha ricordato la fuga di Dafne da Apollo attraverso la trasformazione in un albero di alloro.

As Pythagoras deepens his convictions, he delights in
thinking ahead to the various forms in which his im-
mortal soul might reside :
> "A hundred years or so from now he'll be
> a butterfly himself, or else a tree,or ant or
> squirrel. There's no way to know. (15)

The Pythagorean "proof" of common origin is high-
lighted in Slonimsky's beautiful and elegant mathe-
matical descriptions of birds:
> "So fascinated by the math of birds—
> their sequenced calls, parabolas of flight—
> that he counts much the day, then watches
> [curves
> of perfected winged design, in fading light.
> Convinced these are his peers…." (16)

Lee Slonimsky brings the reader an experience of
profound transcendence, an antidote to our troubled
world. Through the timeless teachings of Pythagoras,
reborn in Slonimsky's luminous poetry, we are called
to contemplate life's deeper meaning and purpose
behind the curtain of our anxiety and inattention.
> "The world of seethe and turmoil slips away,
> replaced by slow ascent and glide toward the
> [sun" (17)

"Le sue dita scivolano così *lentamente* sulle foglie.
come le braccia diventano rami spessi. Il verde
è un abito ora, da indossare nei secoli,
finché la sua guida non si inchina alla mortalità
e rinascerà...".

Mentre Pitagora approfondisce le sue convinzioni, si
diletta a pensare alle varie forme in cui potrebbe ri-
siedere la sua anima immortale:
"Tra un centinaio di anni o poco più sarà
una farfalla, o un albero,
o una formica o uno scoiattolo. Non c'è modo di sa-
perlo". (15)

La "prova" pitagorica dell'origine comune è eviden-
ziata nelle belle ed eleganti descrizioni matematiche
degli uccelli di Slonimsky:
"Sono così affascinato dalla matematica degli uc-
celli...
i loro richiami in sequenza, le parabole del volo-
che conta molto il giorno, poi osserva le curve
di un perfetto disegno alato, in una luce che si affie-
volisce.
Convinto che questi siano i suoi coetanei ....". (16)

Lee Slonimsky porta al lettore un'esperienza di pro-
fonda trascendenza, un antidoto al nostro mondo
tormentato. Attraverso gli insegnamenti senza tempo

There is comfort in imagining, perhaps embracing, that we are part of a grand ordered plan of the universe. Instead of death's finality, other lives may await us as our immortal souls spin in and out of multiple life forms. Slonimsky's *Pythagoras and the Animals* compellingly reminds us of our time-limited lives, and soul-limitless selves.

Licia Hahn *is a poet and founding member of The Poetry Annex. She is also an artist who has exhibited in New York and Hamburg. She is an Associate Fellow at Berkeley College, Yale University where she co-leads an annual seminar on global nationalism.*
Before the launch of her CEO advisory firm, Licia Hahn & Co, Hahn was a media executive at CBS overseeing the network's owned and operated TV station group for local news.

di Pitagora, rinati nella luminosa poesia di Slonimsky, siamo chiamati a contemplare il significato e lo scopo più profondo della vita dietro la cortina della nostra ansia e disattenzione.

"Il mondo del furore e dell'agitazione scivola via, sostituito da una lenta ascesa e da una planata verso il sole" (17).

È confortante immaginare, forse condividere, che siamo parte d'un grande piano ordinato dell'universo. Invece della morte, altre vite possono attenderci mentre le nostre anime immortali entrano ed escono da molteplici forme di vita. *Pitagora e gli animali* di Slonimsky ci ricorda in modo avvincente le nostre vite limitate nel tempo e i nostri Sé senza anima.

Licia Hahn *è poetessa e membro fondatore di The Poetry Annex. È anche un'artista che ha esposto a New York e Amburgo. È Associate Fellow presso il Berkeley College dell'Università di Yale, dove co-conduce un seminario annuale sul nazionalismo globale. Prima di lanciare la sua società di consulenza per amministratori delegati, Licia Hahn & Co, Hahn è stata dirigente dei media presso la CBS, supervisionando il gruppo di stazioni televisive di proprietà e gestite dal network per le notizie locali.*

Bibliografia e citazioni

1. "Una spiaggia a Samo: Luce tranquilla", *Pitagora e gli animali*, Lee Slonimsky

2. "Antidoto" *Pitagora e gli animali*, Lee Slonimsky

3. "Il logico delle foglie" *Pitagora e gli animali*, Lee Slonimsky

4. "Il logico delle foglie" Pitagora e gli *animali* , Lee Slonimsky

5. "Pitagora ricorda Elena" *Pitagora e gli animali*, Lee Slonimsky

6. "Il giardino di Pitagora" *Pitagora e gli animali*, Lee Slonimsky

7. "Banking" *Pitagora e gli animali*, Lee Slonimsky

8. "Un prezzo che viene pagato" *Pitagora e gli animali*, Lee Slonimsky

9. "Cicli a Samo" *Pitagora e gli animali*, Lee Slonimsky

10. "Pitagora trova la chiarezza" *Pitagora e gli animali*, Lee Slonimsky

11. "Foglie di formiche nere, erba" *Pitagora e gli animali*, Lee Slonimsky

12. *Metamorfosi*, Ovidio, Libro XV, "Insegnamenti di Pitagora: Vegetarianismo", traduzione di A. S. Kline, *PoetryinTranslation.com*, 2000

13. *Metamorfosi*, Ovidio, Libro XV, "Insegnamenti di Pitagora: L'eterno flusso", traduzione di A. S. Kline, *PoetryinTranslation.com*, 2000)

14. "La radice quadrata della planata" *Pitagora e gli animali*, Lee Slonimsky

15. "Pitagora, pacifista" *Pitagora e gli animali*, Lee Slonimsky

16. "In comune" *Pitagora e gli animali*, Lee Slonimsky

17. "La radice quadrata della planata" *Pitagora e gli animali*, Lee Slonimsky

I

LA RADICE QUADRATA
DELLA PLANATA

(THE SQUARE ROOT OF GLIDE)

RIVALS

The beauty of a concentricity
of pebbled ripples is obedience
to laws of shape and speed, a fluid Pi
suggesting stone and water's sentience,
number ruling shimmer.
                          What aesthetics in
the please of patterns, black fly loops
and snakeslick undulations, mirror's tricks
played by a branch-etched pond. A swallow's
swoops.

How humbling, though, that rays' trajectories
are so well plotted, that bullfrogs can count
to five and six in—thrum, response—a breeze
perform equations abacus cannot.

His mind's no greater than this floating bee's,
mere sliver of the sun's. Bright leaf agrees.

RIVALI

Il fascino del contorno perfetto
dei ciottoli nell'acqua increspata
rivela che in natura ogni oggetto,
ogni cosa dalle leggi è formata,
dal mutevole Pi che forgia la pietra
con la sapienza del flusso costante
in cui il numero pare determinante.

                    Quale estetica s'invera
secondo lo schema: le orbite della mosca nera,
il volo di una rondine, sagome di serpenti,
trucchi dello specchio d'uno stagno tra rami
proprio come se fossero esseri viventi.

È umiliante, però, che le traiettorie dei raggi
siano così ben tracciate, che le rane passaggi
sappiano d'equazioni che l'abaco non può eseguire
contando da cinque a sei, eco nella brezza a svanire.

La sua mente non va oltre quest'ape ch'assorda,
la foglia sfiorata da una scaglia di sole concorda.

PYTHAGORAS'S BEES

> *"The fascinating drowse of the morning*
> *keeps the traveler from traveling."*
> from "One Night I was Thinking" by Saadi
(Persia, 13th century)

The fascinating drowse of small white bees
in dreamy hover over red petals
distracts Pythagoras; he doesn't see
a hawk's stiletto-sharp trajectory,
hypotenuse-of-plummet scything air
toward sudden talon-spike of careless hare.
Nor does he notice first light's trapezoid,
branch-etched in pond, scarlet geometry.
He's sleeping with these bees though wide awake:
savant of minutae, he loves the balm
mild wafts of air offer bees' slow float
and him. Sweet scented haze. There's nothing wrong
with all the world in this tableau that soothes;
bees startle into flight but he won't move.

LE API DI PITAGORA

*"L'affascinante sonnolenza del mattino
impedisce al viaggiatore di viaggiare".*

da *Pensavo una notte* di Saadi
(Persia, XIII secolo)

Pitagora è distratto dal torpore
delle piccole api che come sognanti
s'inerpicano su petali dal rosso colore;
così non scorge le traiettorie lineari
di un falco, l'ipotenusa a piombo,
che taglia l'aria calando profondo
sulla lepre ghermita in un solo secondo.
Non nota nemmeno il trapezio formato
dalla prima luce, geometria scarlatta
di un ramo che sullo stagno par disegnato.
Ipnotizzata dalle api è rarefatta
la sua mente anche se è ben cosciente
delle piccole cose del suo presente,
ama il balsamo della brezza leggera
che lo fa fluttuare con le api in un'eterea
danza in una nebbia dolce e profumata.
Nulla è fuori posto nella dimensione dorata
che rasserena come fosse un altrove.
Le api s'alzano in volo, ma lui non si muove.

PYTHAGORAS FINDS CLARITY

after Shakespeare's no. 60

The way these waves break on the pebbled shore
shows how profoundly nature's ruled by math;
advance, retreat, like the ocean is at war
with its own tidal impulse. A clear path
to understanding lies right here, he thinks
for comprehensive laws and theorems, truth.
How foam seduces, morning sunlight winks
at steady intervals; numbers reveal
the deepest structure of the universe.
More evidence in how gulls coast, then wheel
and dive for fish, their competition fierce,
reminding him of scholars arguing:
maneuvers math-made at their primal source.

What understanding, watching waves can bring.

PITAGORA SI SCHIARISCE LE IDEE

dopo il n. 60 di Shakespeare.

Le onde si frangono sui ciottoli in riva
mostrando come nella natura conviva
il principio della matematica con l'eterno
fluire dell'oceano che è mosso all'interno
dall'impulso alla furiosa marea. Ecco la via
per comprendere, pensa, leggi e teoria,
la verità dei fondamenti di geometria.

La spuma marina ha un aspetto seducente,
lui strizza l'occhio al riverbero costantemente,
a intervalli regolari: i numeri della frequenza
rivelano la struttura profonda dell'universo.
Un'altra prova gli viene dall'evidenza
delle traiettorie dei gabbiani il cui verso
è circolare per tuffarsi alla ricerca di pesce
facendosi spietatamente la concorrenza
come succede allo scienziato che non riesce
a farsi valere perché si metten in discussione
i concetti solo per spirito di contraddizione.

Basta osservare le onde per la comprensione.

SAVANT-LIKE

The beautiful, the mathematical:
no living being combines these qualities
more perfectly than one small chicory,
alluring as it sways in summer's breeze.
Savant-like in its petal-counts: a prime
most of the time. (High teens.) A constant thrill,
its blue progressions. How it skillfully
and lustrously earns mathematician's fame
among the flowers, bees. He could as well:
in human circles, (cities, lecture tour).
Just be more bold; shout out; exert some will.
Promote his nature-genius everywhere.
But he's aloof, a solitary man
content with slow applause from morning sun.

GENIACCIO

Il bello e il matematico, simbiosi perfetta:
nessun altro essere combina queste qualità
più di una pianticella di cicorietta,
che sinuosa ondeggia nell'estiva arietta.
Il numero di petali corrisponde alle peculiarità
di un *savant*, tutto genio e sregolatezza:
prima e per la maggior parte del tempo
(l'adolescenza). Un brivido costante,
con le sue progressioni verso il blu.
Se imitasse il ronzio delle api sul fiore
girando nei circoli umani su è giù
(città, tour di conferenze) farebbe furore
guandagnadosi brillantemente la fama
di matematico. Basterebbe covare la brama
di far valere la sua genialità nel penetrare
i più reconditi segreti della natura.

Ma lui predilege la solitudine pura
l'applauso dell'alba gli può bastare.

BLACK ANTS, LEAF, GRASS

It wasn't easy in the ancient world
to understand the bond between a tree
and animals, and all humanity:
one common origin. Vast time had toiled
near-endlessly to make deep differences
among a rosebush, chipmunk, lion, ant;
and as for trees, never a modest hint
of kinship with the walking. Or a sense
of common parent, but Pythagoras
went walking in cool woods , and a round leaf
fell on his hand, and he perceived a vein
in its smooth texture. Just about the same
as in his hand. He formed a rough belief
in common origin:

        ants. Lions. Grass.

FORMICHE NERE, FOGLIE, ERBA

Non era facile nel mondo d'un tempo
comprendere il collegamento
tra regno vegetale e animale,
l'origine comune di albero e uomo.
Fino allo spasimo era stato l'impegno
da lui profuso per trovare sostegno
alla tesi che sono ben altre cose
tra loro un cespuglio di rose,
uno scoiattolo, un leone, una formica;
per quanto poi concerne il pioppo
a pensare egli faceva molta fatica
che potesse andare al galoppo!
Non possono avere in comune
uno stesso patrimonio genetico.
Ma poi per capire alcune lacune
gli bastò passeggiar nel frescume
del bosco quando gli si posò sulla mano
una foglia ed egli percepì una vena
sotto la pelle liscia, capì che l'umano
specie diverse tra loro incatena,
l'erba alla formica e alla balena.

PYTHAGOREAN SCHOLARSHIP

When evolution first brought plants to earth,
with ferns the quintessential greenery,
the surge was massive, like a second birth
of life. All this, through deep psychology,
Pythagoras intuits in a dream,
where dragons are remembered dinosaurs,
where history's much more than names and wars
and stars write origin in sparkle, gleam.
He knows his thumbprint's far more than it seems:
its whorls the residue of cosmic spin.

A leaf's green blooded veins: where his begin.

In dreams, his scholarship finds far more themes
than from papyri or an abacus.

The world sprang from a single seed, he'd guess.

PITAGORA IMPARA

Quando l'evoluzione trasformò la terra
in un pianeta come se fosse una serra,
esplose una rapida rigogliosa rinascita
di felci che di verde coloraron la vita.

In Pitagora l'intuizione vien dal profondo
del suo essere, come in un sogno,
dove i draghi di dinosauri son la memoria,
ove non è fatta di nomi e di date la storia:
le origini in scintille di stelle sono segnate.

Sa che ogni sua azione motoria
si relaziona alla rotazione dell'universo
e che le sue orme non son cancellate.

Ecco la foglia dalle verdi vene attraverso
cui scorre la linfa della sua gioventù.

Nei sogni, la sua ricerca scopre più
che da un abaco o da un antico papiro

Par che il mondo sia nato da un unico spiro.

IN COMMON

So fascinated by the math of birds—
their sequenced calls, parabolas of flight—
that he counts much the day, then watches curves
of perfected winged design, in fading light.

Convinced these are his peers, he longs for some
discussion of joint principles: why three
recurs the most in patterns. Why the sum
of one bird's notes is different from the next.

But silence greets his warbles; so remote
the language-links that there can never be
the clear speech of a lecture in these woods,

or musical analysis. Just breath
intaken sharply at the width and breadth
of beauty's movement: how a math-bird *flutes*!

IN COMUNE

È così affascinato dalla geometria degli uccelli -
i loro richiami in sequenza, le parabole in cielo -
che passa la giornata a studiare i modelli
dei volteggi finché di luce non resta ch'un velo.

Convinto che si tratti di suoi coetanei, tenta
d'intavolare con loro una discussione scientifica
sui principi comuni: sul perché il Tre si presenta
più d'ogni numero negli schemi. Il che significa
ch'ogni uccello canta in diversa frequenza di note.

Il silenzio accoglie i suoi gorgheggi; così remote
son le espressioni da impedire la comprensione
reciproca in questi boschi in cui la discussione
o l'analisi musicale è sospesa. Solo in un respiro
si concentra la bellezza di ogni più ampio giro
d'un uccello che cinguetta come un matematico!

THE SQUARE ROOT OF GLIDE

Triangulate these platinum hot rays
descending from their hazy shroud of cloud
to glisten on long dewdrenched leaves, with pond's
green shimmer, and hypotenuse of breeze,

to calculate gray hawk's square root of glide,
of azure soar, trajectory beyond
far sunstreaked hill, returning in ellipse
of wing-etched, taloned ease.

He can't decide
what's more impressive, flight's geometry
or what her view must be from cloud ribbed perch;
he longs to gaze from heights…a sudden lurch,
then surge aloft, as wings begin to grow

upon his back.

This world of seethe and turmoil slips away,
replaced by slow ascent and glide toward sun.

LA RADICE QUADRATA DELLA PLANATA

Triangolare questi raggi caldi di platino
che calano dal loro nebuloso sudario di nuvole
a scintillare sulle lunghe foglie bagnate di rugiada,
con il verde scintillante, e ipotenusa di brezza,

per calcolare la radice quadrata della planata del
                                        [falco
che si libra nell'azzurro in una traiettoria che va
                                        [oltre
la collina lontana, illuminata dal sole, per poi in
                                        [ellisse
ritornare con un colpo d'agile ala ed artiglio.

È talmente attratto dalla geometria del volo
che non sa decidersi dove volger lo sguardo
o quale dev'essere la sua vista dal trespolo a nubi;
desidera guardare dall'alto... un'improvvisa sbandata,
poi di nuovo in su spiegando le ali all'impazzata.

I suoi suoi movimenti nervosi quindi si placano
e ricomincia a planare volteggiando verso il sole.

UNCERTAIN

Tangle, bramble, wind-demented sprawl;
the woods in wake of storm praise chaos well.
Observed from high above, from flowered hill,
such wrack and ruin's a fine logician's hell:
bolt-splintered trunks and muck-smeared branches scrawl
a litany of why not to believe;
and nothing, not the symmetry of leaves,
nor roundness of the sun, nor rays' straight lines
persuade him of a meaningful design.
But he takes pleasure anyway, this dawn
in minute logic's spell. Philosophy
from perfect spacing in a warbler's notes,
the gentle arcs on which a plump bee floats
from purple to pale pink. Then there's the sea
beyond the forest, glimmering slow waves
obeying math. The diamond foam believes.

INCOMPRENSIBILE

Grovigli, rovi, venti di tempesta impazziti;
i boschi non considerano il caos un tormento.
Osservando invece dall'alto, dai colli fioriti,
è un inferno per chi segue il ragionamento:
tronchi feritei da schegge e rami su cui schizza
letame testimoniano che niente autorizza
a trarne un concetto, non simmetria di foglia
né la sfericità del sole, né linea retta del raggio
lo convincono che ci sia chi pianific e voglia.
Ma di godersi quest'alba non perde il coraggio
nella magia d'un barlume di logica. Trasuda
filosofia il perfetto pentagramma d'un usignolo,
o i leggiadri giri concentrici di un'ape paffuta
in scie dal viola al rosa pallido in volo.
Poi c'è mare oltre la foresta, l'onde lente
e scintillanti si alternano ritmicamente.
Crede solo alla schiumeggiante corrente.

LOGICIAN OF THE LEAVES

He's always had two separate tendencies:
the mystical, the mathematical.
They now emerge anew with *leafery;*

initially he's sought out prophecy,
leaves' dangles, angles, shapes as oracles.
But, nothing works.

                And now there's April's
breeze,
and how its ripples change leaf-patterns so:
a *calculus.* Math's challenge for Pythagoras,
to summon theorems from his abacus;
interpret what spring's leaves and breeze may know.

Leaf-shadows in late morning can enhance
precision in his gaze; like second looks
at shift and blur. At sway.

                   Yes best he takes
logic alone from breeze and leaves' bright dance.

LOGICA DELLE FOGLIE

In lui c'è sempre stata una duplice natura
il mistico e il matematico, due tendenze
che riafforano osservando la struttura
delle *foglie* le cui forme inizialmente
gli sono apparse come verità pura.
Ma così non funziona un bel nulla.

       E ora la brezza d'aprile lo culla,
e si confondono i contorni delle foglie mosse
rimestando ogni possibilità di *calcolo*.
Ha voglia Pitagora di cercare un bandolo
del reale estrapolando teoremi dal suo abaco
sconosciuto alle foglie dal vento agitate.

Le cui ombre però in pieno giorno
con maggior precisione il lor contorno
stagliandosi al suo sguardo alternano
oscillazioni del reale e sfocature.

       Sì, è il caso di astrarre le formule
da Zefiro che spira tra fronde di luce.

INTERPRETED BY PYTHAGORAS

While others listen to the songs of birds,
he's wrapped up in just how they do their math.
Note-sequences for him are quite like words
communicating, on this leafy path;
a bird's-ear view of sunlit ratio,
of repetition, formulae, and Pi.

Their harmonies reveal that some birds know
so much of math, that even as they fly
away at his approach, they calculate
their angle of descent to nearby trees.

Geometry of flight's beyond debate,
enabling them to surf the morning breeze;
he hears them now, more distant…patterned cries
beyond what rhythms chaos might devise.

INTERPRETATO DA PITAGORA

Mentre tutti ascoltano il canto degli uccelli,
lui è invece preso a calcolarne gli intervalli.
Le sequenze di note scorrono sullo spartito
frondoso che con lui comunica con parole
chiare, un sistema alfanumerico di formule
e Pi greco che si delinea alla luce del sole.

Le armonie rivelano che gli uccelli sanno
di matematica e che anche quando volano
via al suo avvicinarsi, il calcolo essi fanno
dell'angolo di planata da un ramo all'altro.

Non c'è dubbio alcuno che vi sia geometria
nel loro aleggiare nella brezza del mattino;
comprende che il loro gracidìo volando via
è voluto, non prodotto dal caotico destino.

II

SPERANZA

(HOPE)

BEFORE ELENA... AND WELL AFTER!

Pythagoras has made a date
to meet his former Stoic rival, talk
about events of long ago.
Two men, one woman: hurts still linger, stalk
their chance encounters in the street.

"Let's clear the air."

He's early, now. A crow
is nibbling at some crumbs nearby;
no-one else is here; he's ready to wait
an hour or so...

                    The man's a fiend
to not show up, (their rendezvous a lie!),
but no, he'll come...in all this heat...

And sure enough, around a sunsoaked bend,
in a hilly lane, he now appears.

Like hurt from long ago, the sunlight sears.

PRIMA DI ELENA... E BEN DOPO!

Pitagora ha proposto un confronto
allo Stoico, suo ex rivale in amore,
dopo tanto tempo, per chiarirsi.
Due uomini, una donna: le ferite ancora
sanguinano, e sembrano riaprirsi
ogni volta che lo incontra per caso.

Chiariamo la situazione.

Arriva in anticipo. Un corvo
va beccando briciole poco distante,
non c'è però nessun passante
lo aspetta per più d'un istante.

       Quell'uomo è un demonio
capace che non si presenti (mentì confermando!),
ma no, verrà... con tutto questo caldo...

Eccolo, dietro una curva assolata
d'una stradina in collina, appare.

Come antica ferita, brucia la luce solare.

PYTHAGORAS REMEMBERS ELENA

He dreams of times when they were both so young,
and held love in their hands like ripest fruit;
so often strolled these paths, embraced among
the courting birds who sang of love's pursuit.

Yet then he'd glance away, his look turn vague,
some number problem darkening his mood—
when she looked hurt he wouldn't dare explain—
why tell her that math was his highest truth?

His mission was interpreting the plan
by which arithmetic created All;
Elena sparked his nature as a man,
but numbers held his mind in passion's thrall.

This evening, as he counts all oblong stones,
he can't remember feeling so alone.

PITAGORA RICORDA ELENA

Sogna il tempo in cui erano così giovani
da trattare l'amore come un frutto delicato
passeggiando l'uno all'altro abbracciato
il cammino dal cinguettio accompagnato.

Ma poi distoglieva lo sguardo, con un'espressione
                                        [vaga,
qualche problema numerico che oscura il suo
                                        [umore.
quando lei sembrava ferita, lui non osava spiegarle...
perché dirle che viveva solo per la la matematica?

La sua missione era interpretare il piano
con cui l'aritmetica ha creato il Tutto;
Elena ha scatenato la sua natura umana,
ma i numeri nella sua mente sono flutto.

Questa sera, contando i ciottoli oblunghi
dimentica di essersi sentito mai così solo.

PYTHAGORAS LISTENS FOR LOVE

How blind the blonde caresses of the sun
which tenderly embraces him as well
as orange leaves, their summer lush undone;
and geese in eastward flight, whose pattern tells
of mathematics ruling wind whipped skies.

But he can't feel the love that light gives leaves
nor be betrothed like leaves are to the earth;
he needs Elena's warmth, her lips and sighs.
Her absence overrules his feeble search
for solace in a noisy, sunsplit breeze
whose calculus arranges nearby clouds,
and measures swaying angles of the trees.

He listens for her love, hears not a sound;
how cold the empty air, the wind-streaked ground.

PITAGORA ASCOLTA L'AMORE

Come sono cieche le bionde carezze del sole
che abbraccia teneramente anche lui
come foglie d'arancio su cui si spegne l'estate

e le oche in volo verso est, il cui schema rivela
la matematica che governa i cieli sferzati dal vento.

Ma non percepisce l'amore che la luce trasmette alle
                                        [foglie
si sente non corrisposto come foglia alla terra;
ha bisogno del calore di Elena, delle sue labbra e dei
                                        [suoi sospiri.
La sua assenza rende vana la sua debole ricerca
cerca un po' di conforto nella brezza rumorosa
                        che avvinghia anche il sole
basandosi su un calcolo ch'organizza le nuvole
e misura gli angoli di oscillazione degli alberi.

Ascolta il suo amore, ma non sente alcun suono;
quanto è fredda l'aria vuota, il terreno battuto dal
                                        [vento.

ELENA'S TRUTH

A second forest shimmers in this pond,
its leaves pure gleam, its bark the art of light,
its tapestry green wizardry of glass.

Pythagoras's thinking goes beyond
this fraud, which victimizes naive sight,
to how the present conjures up a past
unreal as mirror's sorcery.
       Time bends
all images, as wind distorts these woods
in water. As for words, they slowly blur
and fade like ripples; math alone defends
some last bastion of memory. He should
regard his life as water's tree, a dream
half light, half haze, all false; yet love for her
transcends the senses: truth beyond what seems.

LA VERITÀ DI ELENA

Una foresta riflessa balugina sullo stagno,
le sue foglie son di luce che dipinge tronchi
su un magico arazzo di vetro verde.

Il pensiero di Pitagora non si fa ingannare
dal miraggio cui si crede a prima vista,
è cosciente che il presente evoca l'irreale
passato come la stregoneria dello specchio.
                              Il tempo deforma
ogni immagine, come il vento increspa il bosco
sull'acqua. Anche le parole sfumano lentamente
come onde fluttuanti; solo il numero non mente
e rappresenta il baluardo della memoria. Dovrebbe
considerare la sua vita come il riflesso sull'acqua,
illusione, metà luce, metà foschia; eppur trascende
i sensi l'amore per lei: verità al di là delle apparenze.

PURSUIT

yes! radiant lyre speak to me
become a voice

(Fragment of Sappho #118 from *If Not, Winter* by
Anne Carson)

How small the weight of light, even at noon;
the pond is barely creased by shimmer, gleam,
as leaves thrust rays aside. So shadow rules
these tangled woods, their stream-splashed muck
and murk,
and water's glisten that listens to his thoughts,
convincing him he's not alone. Just then
he hears soft murmurings, a woman's voice
in dialogue with ancient oaks. Her lilt
surpasses warblers', subtle as a breeze
that ripples shadows. Sappho wanders, too,
her voice a lyre summoning the sun,
but spidered bramble hides her from his sight.
He follows her, pursuing fleeting notes,
faint butterflies that tumble, flutter, float.

SFORZO

Sì, la lira radiosa mi parla
come una voce

> (Frammento di Saffo #118 da *If Not, Winter*
> di Anne Carson)

Quanto è lieve il peso della luce, anche a
[mezzogiorno;
lo stagno è appena increspato dal luccichio,
[dal bagliore,
quando le foglie giocan coi raggi. Così l'ombra è
[signore
dei boschi intricati coperti di melma nel loro
[profondo,
e lo scintillio sull'acqua sembra riflettere il suo
[pensiero,
dandogli l'impressione di non essere solo.
[Proprio allora
ode dei mormorii sommessi, una voce di donna
parla alle annose querce. La melodia del suo tono
supera quello dei gorgheggi, sottile come una brezza
che increspa le ombre. Anche Saffo è in cammino,
la sua voce è una lira che evoca il sole,
ma il rovo spinoso la nasconde alla sua vista.
La segue, andando dietro a note fugaci,
deboli farfalle che si muovono, svolazzano,
[fluttuano.

HOPE

Peripheral, the measurement of slant
and shimmer, sun's astute geometry;

an afterthought, equations that he can't
devise to gauge some breeze trajectories,
or gnarl and slump of ancient oak.

                                               He sees
only one mission for himself, now that
Elena's gone.

                           Glimpses his new love, alone,
ahead, along this sunsplashed path at dawn,
and nowhere else as if she disappears
into slow seethe and melt each day.

                                      Sappho's
her name, he knows, or hears rumored; she'll love
him someday like the hawk that glides above
calmly waiting for her cloud shrouded mate.

Or else he'll merge with dappled leaves; no more
of his own and for him!

                                Hope soars
on broader wings than even love's...
                                            He'll wait!

SPERANZA

Complicato calcolare l'inclinazione
dei raggi, astuta geometria del sole;
ci ripensa, le equazioni non servono
per misurare anche traiettorie di brezza,
o il nodoso tronco di secolare quercia.

                    Concepisce
una sola missione per sé, adesso
che Elena lo ha lasciato.

Scorge il suo nuovo amore precederlo solitario,
lungo questo sentiero illuminato dal sole all'alba,
e da nessun'altra parte, come se sparisse
in un lento ribollire e sciogliersi quotidiano.

                    Saffo
è il suo nome, lui lo sa, e si mormora che lo amerà
un giorno, come il falco che volteggia sopra di lui
in calma attesa del suo compagno avvolto da
                        [nuvole.

    O si confonderà con le foglie maculate; non più
solo di e per lui!

                La speranza si leva in volo
su ali più ampie di quelle dell'amore...
                    Aspetterà!

III

ESILIO CON LE ALI

(EXILE WITH WINGS)

THE VICTORY OF FORM

A heart-shaped flight of geese traverses light
that lathers water with last lavender
of day. This winged suggestion of a love
both geometric and more lasting than
implacable and devastating time
is consolation for the barren rhymes
of solitary day on day, exiled.
For beauty is the victory of form,
and form's immortal, the begetter of
all flux and matter within sense and sight,
of hearts these geese have crafted flight to style
in feathers on a fading sky. He's torn
between such symbolism which consoles,
an wounds of absence reason will not heal.

TRIONFO DELLA FORMA

Le oche disegnano in volo un cuore di luce
inumidito dall'ultimo bagliore del giorno.
La suggestione alata di un amore
geometrico e perenne in questo
tempo implacabile e devastante
è una consolazione per le sterili rime
d'un giorno vissuto nella solitudine dell'esiliato.
Perché la bellezza è la vittoria della forma,
e la forma è immortale, immanente
ai flussi della materia che stimola i sensi e la vista
dei cuori che le oche formano col loro stile
piumato su un cielo in dissolvenza. È lacerato
da questo simbolismo troppo consolatorio,
le ferite della ragione non si rimarginano più.

EXILE WITH WINGS

Triangle-wakes merge as ducks swim ashore,
these gleaming ripples clear phenomena
of math and curves, like "v"'s with which birds soar,
or heavenly trajectories of stars,
or variations in the sun's swift rays
which, arrowing, can measure each new hour.

Pythagoras has spent so many days
observing these ducks swim and gray geese soar
that mastery of winged creation's math
has come to him, as if his mind grew wings.

So solitary, this trans-species path,
which makes him long to tell his thoughts to birds;
if only wind could translate a few words
his flesh would feather, dullest speech would sing.

ESILIO CON LE ALI

Le scie triangolari si fondono con le scintillanti
increspature generate dalle anatre che nuotano a
                                            [riva,
fenomeni chiari di matematica e curve, come le V
con cui si librano gli uccelli,
o le traiettorie celesti delle stelle,
o le rapide variazioni dei raggi del sole
che, sulla meridiana, segnan le ore.

Pitagora ha trascorso così tanti giorni
ad osservare le anatre nuotare e le oche grigie volare
che la sapienza matematica degli esseri alati
è in lui, come se la sua mente sapesse volare.

La solitudine produce un connubio tra specie
                                            [diverse,
gli fa desiderare di svelare i suoi pensieri agli uccelli;
se solo il vento potesse tradurre qualche parola
gli spunterebbero piume, il suo verso più scialbo
                                            [cinguetterebbe.

ARRESTED IN EXILE

It's onerous at times, his self-assigned
His prisoner's assignment: count the trees
on ninety wooded *hektos,* property
of Metapontum royalty. He sees
no way to find a formula for sprawl.
A tangle—mayhem—wind-cleaved branchery
(last night's storm's wild and murderous assault),
do not allow for trigonometry
or other measures.

        Now, late afternoon,
he's spent, his only thought a cooling breeze,
a rippling stream. He naps but must awaken soon:
if spotted by a guard he could return
to underground entombment, endless dark
where madness lurks, and awful silence burns
a hole in any thought. He struggles awake:
discovery would be a fatal mistake.

ARRESTATO IN ESILIO

Non è sempre agevole il compito
cui si è consegnato: contare gli alberi
su novanta *hektos* boscosi, proprietà
della regno di Metaponto. Constata
l'impossibilità di trovare una formula
per determinarne esattamente la vastità.
Un groviglio di rami scompigliati dal vento
(l'assalto selvaggio e brutale della scorsa notte),
non consentono la trigonometria
o altre misure.

          Ora, nel tardo pomeriggio,
esausto, si gode una brezza rinfrescante,
sonnecchia sul bordo del ruscello frusciante.
ma deve rimanere sempre all'erta:
se scoperto da una guardia verrebbe rigettato
nella prigione sotterranea, un'oscurità senza fine
dove s'annida la follia e cova un terribile silenzio,
un buco nel pensiero. Si sforza d'aprire gli occhi:
caro gli costerebbe essere sorpreso a dormire.

CONSOLATION IN THE GLOOM

The "flat" earth's curve reminds him of his love,
and how geometry of flesh prevails,
exquisite in its sculptured sweet details;
no matter how he tries to gaze above
to calculate the windy angles of
sunlight and flight of birds.

                              A huge cloud sails
across the sun; sky-math completely fails
to keep his mind off her; who cares to prove
a theorem that's no company in bed?

And yet, philosophy is not quite dead;
it still gives consolation in the gloom.
The hint of earth as round serves to make room
for bold new calculations in his head,
though he'd prefer her kisses now instead.

CONSOLAZIONE NEL BUIO

Per quanto cerchi di alzare lo sguardo verso l'alto
per calcolar angoli dei volteggi nel vento e nel sole
la *piatta* curvatura terrestre lo riporta al suo amore,
comprende così che la geometria s'incarna nei sensi
inebriati dai dolci praticolari che fan battere il cuore.

Un'enorme nuvola oscura
la luce solare; la matematica celeste è inutile ora
per cercare di non pensare a lei; chi si preoccupa
di provare una teoria che non è compagna di letto?

Eppure, la filosofia non è del tutto svanita;
è ancora una consolazione nella notte infinita.
L'intuizione della rotondità del globo fa spazio
per nuovi e audaci calcoli nella sua mente,
anche se ora preferirebbe da lei ricevere un bacio.

PYTHAGORAS YEARNS FOR
THE ACADEMY

The way the sun emerges from behind
this wooded hill, and starts to climb the sky,
shows geometry much on its mind.
For such a perfect-curved trajectory
as its sphere takes toward the perch of noon
suggests academies for planets, light;
wind-lecturers for stars and changing moon;
pure scholarship in which he'd take delight
if he could somehow study in sky-school.

But he's terrestrial, like rock and tree,
a slow-winged subject of the massive rule
of earth and matter. Clay. He'll never be
so learned as the wind-weaved light which shows,
from dawn to dusk, the sky-theorems it knows.

PITAGORA ANELA ALL'ACCADEMIA

Il suo pensiero geometrico trova conferma
dal sorgere del sole che spunta dalla collina
per raggiunger lo Zenit rinsalendone l'erma.

Lungo una traiettoria perfettamente curvilinea
la sfera s'erge verso l'apice del mezzogiorno
offrendo spunti di studio di pianeti e luce;
una scuola basata sul moto di luna e stelle,
avrebbe volentieri assorbito questo alimento
potendo frequentare l'accademia del firmamento.

Ma lui è terrestre, come la roccia e l'albero,
le sue ali son tarpate dalla leggi della materia
e dalla concreta realtà. Argilla, che mai sarà
sapiente come la luce intessuta di vento
che da mane a sera è rivelazione della verità.

THE ATHENS ACADEMY

Reluctantly, at last, he will inquire
if he can lecture once again (for free)
at the Academy.

            He'll need release,
at least briefly, from exile. Have to see
about a pardon, even. Maybe face
some ancient enemies.

            But colleagues here -
confined to birds and breeze - just can't fulfill
the need for colloquy to make thoughts whole.

He has progressed in reading *leafery*,
a secret language that he longs to share
with peers; as in his long gone, august past.

It's only intellect that brings him peace.

He'll send the letter soon. He must not fear
his own afflicted history.

            Must try to trust the scholarly.

L'ACCADEMIA DI ATENE

A malincuore, alla fine, chiederà
di poter tenere un'altra lezione
senza nulla pretendere all'Accademia.

           Dovrà essere prosciolto,
almeno per un breve periodo,
dalla condizione d'esiliato.
Ottenere una grazia, addirittura.
Forse anche a dispetto
di alcuni antichi nemici.

           Ma i colleghi qui...
non si può elaborare un concetto dal confino
senza altro dialogo che con uccelli e brezze.

Nello studio delle strutture del fogliame è avanzato
un linguaggio segreto che desidera ora condividere
coi suoi pari, come nel suo remoto, nobile passato.

È solo l'intelletto a farlo sentire pacificato.

Invierà presto la lettera. Non deve temere
il suo percorso di vita travagliato.

           Bisogna cercare di fidarsi di chi ha studiato.

A BEACH IN SAMOS: QUIET LIGHT

This late life opportunity astounds,
although he's known for months it could occur:
a year's release to lecture once again,
on *leafery*, at the Academy.

Once back in Athens there's a boat: a steady wind
is favorable to reaching his old shore.

This morning he begins to make the rounds
of boyhood haunts: a rough biography
of how his deepest vision came to be.
These gulls that glide and swerve adroitly were
the earliest to teach him math of flight.
Remain his sunwashed, surf-commanding peers.

He's not too old to wonder how sunlight
has learned so many angles perfectly.

UNA SPIAGGIA A SAMOS:
LUCE TRANQUILLA

Resta così stupito dall'opportunità tardiva,
pur sperando da mesi nella notizia che arriva,
di poter far ritorno in patria per un anno
al fine di tenere un'altra conferenza
sulla struttura del *fogliame* all'Accademia.

Giunto ad Atene l'attende una barca, il vento
è favorevole per raggiungere l'amata sponda.

Di buon mattino torna sui luoghi dove
è cresciuto: una biografia approssimativa
di come è nata la sua visione più profonda.
I gabbiani che planano e sterzano abilmente
furono i primi a rivelargli la geometria del volo.
Eccoli di nuovo i suoi maestri a *surfare* nella luce.

Non è troppo vecchio per chiedersi come i raggi
abbiano imparato a disegnare tanti perfetti angoli.

ANTIDOTE

These gulls must be descendants of savants
he met in childhood, and who tutored him
in math: what he could fathom of it, then.

One glide, two swerves; dividing salt-tanged wind
so they can coast and perch. He stares at them,
at beakshape, wingfluff, any resemblance
that might inspire recognition. Eyes
that flicker meeting his as if aware,
remarkably, of family history.

But looks are blank. No wings that beat in sudden
surprise.
And yet he loves the sense of harmony
between first years and last. Deep bond, right here.

Metapontum's antidote: Samos;
this beach whose gulls well taught Pythagoras.

ANTIDOTO

Questi gabbiani sembran discendere dai sapienti
frequentati da fanciullo, i quali gli impartirono
le nozioni matematiche che poteva allora
                              [apprendere.

    Una planata, due sterzate; dividono il vento col
                              [becco

salato per volteggiare e appollaiarsi. Li studia
dalla forma del becco alle ali, cercando somiglianze
con quelli che lui allora conobbe. Occhi guizzanti
incrociano sguardi come se fossero consapevoli
di avere una storia familiare in comune.

Ma lo guardano indifferenti. Le ali non sbattono
                              [per la sorpresa.
    Eppure adesso prova una piacevole sensazione di
                              [armonia
che lega il passato al presente. Un legame
                              [profondo, proprio qui.

Metaponto è l'antidoto: Samos;
spiaggia ove i gabbiani gli furon buoni maestri.

CYCLES IN SAMOS

The time between all waves is like a clock
that measures quiet, poise.

       Irregular,
it's true, for no two lulls are quite the same,
but rhythmic; and, somehow, pause reassures
Pythagoras of calm amidst wild spray,
gulls wheeling, sunlight gleaming.

         He can take
a theorem, he is sure, from ratios
between wave crumbles and the intervals
that follow sleekly. Or, divide a breeze
by seagull's swerve to understand her flight.
Work hard.

     But now the cresting rhythm lulls
him into *ponder.* Merging with slow light.
He's of this surf, he speculates; *from* wind.

Soon after crests crash down, new waves begin.

CICLI A SAMOS

Il tempo tra un'onda e l'altra è come un orologio
che misura lo stato di calma, il ritmo.

                        Irregolare,
è vero, perché non ci sono due pause uguali,
ma ritmico; e, in qualche modo, la pausa rassicura
Pitagora della calma in mezzo agli spruzzi selvaggi,
gabbiani che volteggiano, luce del sole che brilla.

                        Può ricavare
un teorema, ne è sicuro, da rapporti
tra delle onde e gli intervalli
che seguono con eleganza. Oppure, calcolare la
                        [veemenza della brezza
dalla virata del gabbiano per capire il suo volo.
Lavorare sodo.

            Ma ora il ritmo incalzante si placa
in *calma apparente* che rallenta i riflessi di luce.

È il vento, ipotizza, a produrre l'effetto.

Dopo l'infrangersi delle creste, ecco nuove onde.

GULLS WHO SOAR

His lecture is successful and he's told
he can return from Exile, permanently.
Four talks a year: three on geometry,
and one that lauds the King, who, though grown
[old
still craves renown for patronage of thought;
of finest scholars. Yes he's started wars,
but no-one's perfect. "*Mind* is my true cause."
Religion: faith in calculus and wit.

Pythagoras recoils from love of war,
and yet loathes Metapontum: barren, harsh.
He's torn between his ethics and his wish
for freedom: that of gleaming gulls who soar
above the foaming surf, beyond all strife.
Deciding's difficult. Thoughts sometimes drift.

GABBIANI CHE SI ALZANO IN VOLO

La sua conferenza ha avuto talmente successo
che tornar dall'esilio definitivamente è concesso.
Quattro conferenze all'anno: tre sulla geometria,
e una che loda il Re, che, pur essendo anziano
brama ancora di passare per mecenate del pensiero
dei migliori studiosi. Sì, ha scatenato guerre,
ma nessuno è perfetto. "La *ragione* è la mia guida".
Religione: fede nel calcolo e nell'ingegno.

Pitagora non condivide la passione per la guerra,
e al tempo stesso detesta Metaponto: arido, duro.
È combattuto tra la sua etica e le sue aspirazioni
  di libertà: quella dei gabbiani lucenti che si levan in
                                          [volo
  al di sopra della superficie spumeggiante, oltre ogni
                                          [conflitto.
Decidere è difficile. I pensieri a volte vanno
                                [alla deriva.

PYTHAGORAS'S GARDEN

Cloud-flowers bloom this windy afternoon,
their garden sun and air; then hint of rain:
sunsplashed enormous orchids floating to
an evening's crackling, violet rendezvous
with storm.
              Astounded by their beauty, he
must count each petal, arc; each dappled coil,
white shimmers surging from a dank blue soil,
for he cannot distinguish math from art.
Arithmetic's aesthetic. Absurdly,
he even measures moments of his heart,
and calculates amounts for love and lust,
though lately they're near nil. An abacus
can't conjure passion from some rainslick stones;
in exile numbers mean he's all alone.

IL GIARDINO DI PITAGORA

Nuvole come fiori sbocciano in un pomeriggio
                              [ventoso,
    il loro giardino è di luce e aria; poi un accenno di
                              [pioggia:
enormi orchidee che fluttuano al sole vanno
ad un incontro serale scoppiettante e violaceo
                              [con la tempesta.
            Stupefatto dalla loro bellezza,
                              [Pitagora
conta ogni petalo, ogni arco, ogni spira macchiata,
    luccichii bianchi che emergono da una terra blu e
                              [umida,
    perché non gli riesce di distinguere la matematica
                              [dall'arte.
È l'estetica dell'aritmetica. Assurdamente,
misura anche i momenti del suo cuore,
e calcola le formule per l'amore e la lussuria,
anche se ultimamente sonoprossime al nulla.
                              Non si può
misurare la passione con un tabellina di pietruzze
                              [bagnate di pioggia;
numeri buttati lì significano unicamente che è solo.

85

IV

PROFESSORE (EMERITO)

PROFESSOR (EMERITUS)

PROFESSOR (EMERITUS)

The most precocious of his students are
these hummingbirds, geometers of flit,
savants of hover, scholars of June air:

their formulae can stabilize a breeze,
triangulate sunlight and gnarls on trees,
calculate a worm's trajectory
as it divides muck in its sluggish surge.

Pythagoras, impressed, cannot compete
with how they gauge swift raysplashed angles,
merge
feathered scholarship with dart and dance.

He tries

to count their wingbeats on his abacus,
divide into warm wind, except his eyes
have trouble following the emerald blur,
which makes more difficult a measurement
of ratio of glide to how wings whir.

PROFESSORE (EMERITO)

I suoi migliori allievi sono
i colibrì, geometri del volo,
esperti d'acrobazie dell'aria:

le loro formule possono governare la brezza,
triangolare la luce del sole e i nodi degli alberi,
calcolare la distanza percorsa da un verme
mentre si contorce in un mucchio di letame.

Pitagora, impressionato, non può competere
con la loro capacità di misurare gli angoli
dei raggi che rapidi cangiano allo sguardo,
fusione di scienza fatta di sfreccianti piume.

Tenta

di contare i loro battiti d'ala sul suo abaco,
si sparpagliano nel vento caldo, gli occhi
non riescono a seguire la macchia smeraldo,
il che rende più difficoltosa la misurazione
del rapporto tra planata e fruscio delle ali.

THE FRUSTRATIONS OF AGING

It's hard to gauge the speed of falcon flight,
when birds come hurtling toward you from a cloud;
the calculation strains the best eyesight.

It's hard to gauge the speed of falcon flight
at noon, sunset, or late one starry night;

Pythagoras can't manage. Now he'll brood.

It's hard to gauge the speed of falcon flight,
when birds come hurtling toward you from a cloud.

LE FRUSTRAZIONI DELLA VECCHIAIA

Difficile valutare la velocità del volo del falco,
quando gli uccelli calano in picchiata da una nube,
il calcolo affatica la vista più acuta.

È difficile misurare la velocità del volo del falco
a mezzogiorno, al tramonto o in una notte stellata;

Pitagora non ce la fa. Non gli resta che riflettere.

È difficile valutare la velocità del volo del falco,
quando gli uccelli calano in picchiata da una nube.

PYTHAGORAS'S LAMENT

A shortened month, three weeks left in it now.
The flutter of a butterfly demands
exotic math to fully comprehend;
and he is lost; his efforts do not end,
since something's always missing.

                    Grains of sand
are easier to count. No rationale
for white-winged chaos can be found:
the lurch and drift, soft float, mislead his mind
in curlicues. He grapples now with *fail.*

All limits are more tangible with age,
and he needs to respect such boundaries—
it doesn't matter that he *was* a sage—

his grasp's reduced more to simplicities,
and even worse, his focus can be brief,
hurt by the grip of time, that hawklike thief.

IL LAMENTO DI PITAGORA

Un mese scarso, rimangono appena tre settimane.
Il battito di una farfalla richiederebbe invece
alta matematica per comprenderlo appieno;
così si smarrisce; i suoi sforzi non han fine
poiché manca sempre qualcosa.

                Granelli di sabbia
sono più facili da contare. Nessuna logica
per il caos delle candide ali:
la virata e la deriva, il morbido fluttuare,
ingannano la sua mente che si lambicca.
Ora è alle prese con il *fallimento*.

Con l'età che avanza ci si rende conto
dei propri limiti, tocca che ne prenda atto
non importa che *fosse* un sapiente...

la sua capacità di comprensione è limitata,
e, peggio ancora, la sua attenzione dura poco,
ferito dalla morsa del tempo, ladro come un falco.

THE AFTERLIFE OF NUMBERS

for my father

In documents inherited quite late
upon his ancient father's peaceful death,
Pythagoras has recognized his fate,
that mathematics is his blood and breath.

The business language, notes have left him cold,
as do his father's weapons, from his youth,
but various calculations are like gold
which gleams with revelation, flaming truth.

The very act of writing numerals,
necessitated by a seaborne trade,
seems carrying out a sacred ritual:
may delicate divisions never fade!

His father's voice can't possibly be replaced,
but here in math his spirit leaves its trace.

L'ALDILÀ DEI NUMERI

per mio padre

Nei documenti dal padre ereditati
poco dopo la sua serena dipartita
Pitagora ha intuito che la matematica
al posto del sangue gli scorre nelle vene.

Il linguaggio commerciale, le scartoffie
lo lascioano del tutto indifferente,
come le armi di suo padre, fin da giovine,
ma i complicati calcoli sono come l'oro
che brilla di rivelazione, splendente verità.

L'atto stesso di scrivere i numeri,
necessario per il commercio marittimo,
sembra assolvere ad un rituale sacro:
che le sottili divisioni non svaniscano mai!

La voce di suo padre non può essere sostituita,
ma in campo matematico il suo spirito lascia il
                                        [segno.

BELLS

It's lost forever now: the instrument
he long ago invented. Abacus
with tiny bells attached. Pythagoras
well understood that music's based in math;
both flute together in their lyrical truth.
(So songbird's skill combines pure lilt and count.)
He saw all this, but kept it to himself;
though later others made it core belief
in worldviews, "systems" named for him. And now
this morning, he sits by a sunstreaked stream
that tinkles as it flows past rocks; he plays
stream-music on his bells. He must allow
a water song its math. In lilting ways,
he reproduces sound, and bright stream's gleam.

CAMPANELLINE

Lo strumento che aveva escogitato
molto tempo fa è andato smarrito,
perduta ormai per sempre la tavola
delle tabelline coi sonagli corrispondenti.
        Pitgora
sa bene che la musica si basa sui numeri:
entrambi vibrano all'unisono di lirica verità
(Quindi l'abilità dell'uccello canterino
combina la pura ispirazione e il calcolo).
Egli comprese il principio, ma lo tenne per sé;
anche se in seguito altri ne fecero un assioma,
un sistema matematico cui dettero il suo nome.
Stamattina, seduto sulla riva di un ruscello
bagnato di sole che scorre gorgogliando tra rocce,
ne accompagna il fruscio con le tabelline.
La matematica può dunque comprendere
anche la melodia dell'acqua riproducendo
armonia e riverberi del fluir della corrente.

THE FRAILTY OF LOVE

The way the water mirrors clouds above,
as if they're sunken sculptures, petaled stone,
like wind-in-bloom in shapes as white as bone,
suggests a love affair of elements
transcending what's perceived by thought or sense,
a unity as tranquil as this pond.
The hawk that circles loftily beyond
the nearby hills is tracing just this love:
a passion pulsing in geometry,
how shape and number kiss the sky and soil.
But what of human life, its strife and toil?
Is it the province of such harmony?
The hawk descends, is quickly lost to view;
then wind effaces flowers; they're lost too.

LA FRAGILITÀ DELL'AMORE

Lo stagno riflette le nuvole che solcano il cielo
come sculture sommerse, petali di pietra,
vento che fiorisce in forme bianche d'ossa
suggerendo reciproca attrazione tra elementi
che trascendon le percezioni di pensiero e sensi,
placido matrimonio sul calmo pelo dell'acqua.
Il falco dalle ardite traiettorie che volteggia
alto sui colli questo sentimento simboleggia:
una passione che si risolve in una geometria
di forma e numero che uniscon cielo e suolo.
Ma che dire della vita umana, delle sue lotte
e delle sue fatiche? Sono contorno a tale armonia?
Il falco scende e spariscee rapidamente dalla vista;
poi il vento spazza i fiori; anche loro sono via.

A PRICE THAT'S PAID

The curtain's coming down so painfully,
because the show seems not quite at its end.
Just one more theorem and he's sure to be
the man whose math explained eternity,
and soothed the sun, eternity's best friend.

It's all he can do now to stay awake
those first few hours after dawn arrives.
A shame, the way his mind and flesh divide,
one scythesharp still, the other soon to break
upon the Rock of Age. He can't decide

if flesh is failure, or if nature's way
of brevity's to give new life its day,
and thus death's sacrifice is not in vain.

Such consolations wax and then they wane.

UN PREZZO CHE VIENE PAGATO

Il sipario sta per calare dolorosamente,
lo spettacolo non sembra ancora finito.
Gli basta un altro teorema per diventare
l'uomo che a spiegare l'eterno è riuscito
con la matematica riuscendo a domare
il sole che dell'eternità sa ogni segreto.

Questo pensiero fisso lo tiene sveglio
fino dalle prime luci dell'alba.
Peccato che la sua mente e il suo corpo
siano scissi dalla lama tagliente
del tempo che lascia la prima ardente
mentre la carne marcisce rapidamente.

Difficile per lui capire
se la carne sia fallace, o se il percorso della natura
e della brevità della vita servano al nuovo giorno,
e quindi il sacrificio della morte non sia vano.

Fugace consolazione nell'albore antelucano.

V

OSCILLAZIONI

(SWAY)

PYTHAGORAS, PACIFIST

There's majesty in just a simple pause,
a royal leisure in reflection. He
observes a butterfly's blue flutter; he
is confident it has some logic, laws
for catching light with flight, selecting green.
But flit and float still startle like chaos,
wing-permutations well past abacus.
His talent is, he stands calm and serene.

A hundred years or so from now he'll be
a butterfly himself, or else a tree,
or ant, or squirrel. There's no way to know;
his great hope's that he will still love the slow,
an oak enjoying watching redtails soar,
with leaves for eyes.

It's hurry causes war.

PITAGORA, PACIFISTA

C'è maestosità in una pausa di rifessione,
una frazione di tempo degna di un re.
                          Pitagora
osserva lo svolazzare blu d'una farfalla;
è sicuro di intuire una certa logica, una legge
fisica per catturar luce in volo selezionando il verde.
Ma il continuo fluttuare è per lui incomprensibile
come il caos, impulsi confusi ben oltre l'abaco.
Tuttavia è capace di mantenersi calmo e sereno.

Tra un centinaio di anni o poco più sarà
una farfalla lui stesso, oppure un albero,
o formica, o scoiattolo. Non c'è modo di saperlo;
spera solo di poter continuare ad amar la lentezza,
come quercia che con le foglie come fossero occhi
assiste divertita alla giostra delle code rossastre.

È la fretta la causa della guerra.

THE KING OF THEBES

He seeks to *blend* with just this patch of grass,
or maybe with an oak, crown sprawling west
because sea winds blow here. His human past,
he'll soon observe in twigs-like-fingers, leaves-
like-hair, and bark-like-skin.

                                        A deer believes
it was a hunter once; he must agree
that all the humblest will rule royally,
reverse as well. He should rehearse
life as a beetle, flower, sundrenched tree:

and thoughtfully, for soon he'll have his hearse…

This butterfly that hovers in sunlight
may once have been the King of Thebes or Crete;
and when it flutters, wild with joy of flight,

it seems to love the humbleness of fate.

IL RE DI TEBE

Ah, se il suo corpo potesse fondersi col prato
o forse con la quercia dalla corona ad occidente
piegata da venti salmastri, così che il suo passato
umano gli scorra davanti come elemento transuente
e con rami al posto della dita fosse poi rinato
e foglie... come peli sulla pelle simile a corteccia.

Un cervo in un tempo andato la freccia
di caccia potrebbe lui stesso aver scoccato, perché
poi saranno gli ultimi a governare come fanno i re,
il mondo rovesciato. Dovrebbe cercar di concepire
la vita da insetto, fiore o albero dai raggi illuminato

così pensa ora che si avvicina il tempo di morire.

Il re di Tebe o Creta potrebbe esser ritornato
come la farfalla che si libra nella luce del sole
e svolazzando allegramente tra le aiuole
accetta umilmente ciò che il suo destino vuole.

TRANSMIGRATION, IN THE FUTURE

His final lecture of the day is done,
perspectives on pure trigonometry;
his "teaching aids" distinctive branches. When
the sun goes low all angles blur; truths flee
the classroom for deep shadows.

                                    He finds rest
on one gnarled branch, and settles his blue wings;
observes his youthful pupils flying loops
above tall trees. Sometimes he might insist
on their retracing angles learned in class,
but not today: his favorite pupil sings
while others freelance flight. He has great hopes
for four or five; they're agile, oh so fast.

When human he'd loved teaching, mentoring,
and that's unchanged. He's richer than a king.

TRASMIGRAZIONE, NEL FUTURO

La sua ultima lezione del giorno è finita,
prospettive di trigonometria pura;
i suoi "sussidi didattici" rami distintivi. Al tramonto
tutti gli angoli si confondono; le verità si dissolvono
nell'aula generando ombre profonde.

                           Cerca riposo
su un ramo nodoso e lì posa le sue ali blu;
osserva i suoi giovani allievi volare in *loop*
su alti alberi. A volte ripeteva loro il teorema
degli angoli riflessi appresi a lezione,
ma non oggi: il prediletto intona una canzone
mentre altri si son dileguati. Ha grandi speranze
per quattro o cinque dalla mente fresca e veloce.

Da umano ha amato insegnare, essere un mentore,
e questo non è cambiato. È più ricco di un re.

PYTHAGORAS LOOKS AHEAD

His fingers slide so *slowly* into leaves,
as arms become thick branches. Greenery
is clothing now, for wear through centuries,
until his guise bows to mortality
and he's reborn, perhaps as dragonfly,
the too-brief prince of glide, descend and skim
whose June cannot go past September.

                                             Fly

all autumn long regardless, past all gloom—
and then become a hawk in Italy—
and roam high skies, sharp-eyed, near endlessly.
Such transmigration is the greatest gift
that atoms in their weavery allow.
No time to mourn each phase that he has left:
each new form's all the world that he can know.

PITAGORA GUARDA AVANTI

Le sue dita si risolvono *lentamente* in foglie,
mentre le braccia si trasformano in folti rami.
Verde è il suo abito nuovo, l'indosserà nei secoli,
finché la sua veste non si inchinerà al destino
mortale di tutto ciò che è, per poi rinascere, forse,
come libellula, la regina del volo planare dalla breve
esistenza, da giugno non va mai oltre settembre.

                                                    Volare
per tutto l'autunno, senza badare a nulla, al di là
di ogni tristezza... e poi diventare un falco in Italia...
e vagare nei cieli, con sguardo acuto, verso l'infinito.
Questa trasmigrazione è il dono più grande
che gli atomi nella loro schiavitù permettono.
Non c'è tempo per piangere ogni fase che ha
                                        [lasciato:
ogni nuova forma racchiude un mondo da scoprire

HE'S GONE A DECADE

for my mother

"To multiply all leaves by clouds, then wind,
is beautiful. And accurate. It gives
a unity to chaos: math begins
in small details, flight's angle, length of waves
that roil Aegean waters.   Theorems prove
not only ratios, but numbers' love
for breeze blown shimmer, water's splash, bees'
buzz,
the way fierce hawks climb light."

                        Pythagoras
had said all this ten years ago; Apollo knows
these words by heart and now, alone, he says
them to a tree, a rock, his abacus,
then finds a newer audience: some crows
are nodding "yes" from one gnarled branch. They
seem
to love such thoughts: their night-black feathers
gleam.

NON C'È PIU' DA UN DECENNIO

per mia madre

"Moltiplicare tutte le foglie per le nuvole,
poi per il vento, è bello. E preciso. Dà
un'unità al caos: la matematica inizia
nei minimi dettagli, l'angolo di volo,
la lunghezza delle onde dell'Egeo.
I teoremi non dimostrano solo formule
ma anche l'amore per i numeri,
per il luccichio della brezza, lo spruzzo dell'acqua,
il ronzio delle api, per i falchi famelici
che si arrampicano sulla luce".

                        Pitagora
ha già detto tutto ciò dieci anni fa; Apollo
sa a memoria queste parole. Ora che è solo,
le ripete a un albero, a una roccia, al suo abaco,
quindi trova un nuovo pubblico: alcuni corvi
fanno cenno di sì da un ramo nodoso.
Sembrano apprezzare simili concetti,
le loro piume nere come la notte brillano.

KINDNESS

Xanthes' idol was Pythagoras,
the loving wizard of the abacus,
who never hurt, nor ate, an animal.

X wonders now if change might help his health:
new discipline of eating only plants,
(less likely than the lambs to have a soul!)
Crisp air, brisk walks, a swim: these are true wealth;
not jewels in their cases, endless land.

Xanthes had once met him, long ago;
a tiny child, he'd reached up for his hand
inside Crotone's court. The sage was slow
but X remembers a strong grip; the glow
in dark brown eyes. "A king without a crown,"
his father told him afterwards. And now,
he craves the magic of that wizard's wand,
his meatless purity, transcendent mind.
His kindness is the perfect way to go.

GENTILEZZA

Pitagora di Xantes era l'idolo,
l'affabile mago dell'abaco
che non ha mai fatto del male
né mangiato carne animale.

X si chiede se la nuova dieta alimentare
di nutrirsi solamente di vegetale
alla sua salute possa davvero giovare:

(agnelli a parte che non hanno l'anima!)

Aria frizzante, passeggiate vivaci, una nuotata:
ecco la vera ricchezza; non gioielli preziosi
gelosamente custoditi, o sconfinate proprietà.

Xanthes l'incontrò una volta, allorché il pargoletto
aveva allungato la mano per stringere la sua
della corte di Crotone al cospetto.
Il Maestro era fiacco ma X ne ricorda la stretta;
il bagliore negli occhi marrone scuro.
Un re senza corona
gli disse in seguito suo padre. E ora,
adora il potere della bacchetta del chiaroveggente,
la sua purezza eterea, la sua mente trascendente.

La sua gentilezza è il miglior modo di dire addio.

BANKING

Xanthes' patience has expired with
the endless doctors trekking up his hill
to minister to his fatigue, and aches.

The early morning breezes better soothe
his inflammations than their herbs: they're fakes!
His only remedy is force of will.

And then there is his pool, midafternoon,
the water's sunray-ribbed bright shimmer; warmth
suffusing his cold bones.

                Athens, below,
distracting him. He's calm yet wishes so
for youth's return; he's found out life's a loan,
the interest payment rising every month.

Not wealth nor medicine can cure his drear;

his view this afternoon is all too clear.

BANCARIO

La pazienza di Xanthes è ormai esaurita
con i tanti medici che salgono sulla collina
per curare la sua stanchezza e i suoi dolori.

Le brezze del primo mattino sono più efficaci
per le sue infiammazioni delle loro erbe: falsità!
Il suo unico rimedio è la forza di volontà.

Poi c'è la sua piscina, quando il meriggio è a metà
il luccichio luminoso dei raggi di sole sull'acqua;
il calore che gli stempera il gelo dentro le ossa.

            Il panorama di Atene, sotto,
lo distrae. È calmo ma vorrebbe tornare
al tempo della sua gioventù;
ha scoperto che la vita è un prestito,
e gli interessi aumentano sempre di più.

Ricchezza e medicine non curano il mal di
                             [vecchiaia;

     La sua visione di questo meriggio è abbastanza
                             [chiara.

JOHANNES KEPLER

Johannes Kepler fancied that the soul,
the spirit of Pythagoras, might have
rebirthed in him, bestowed his cosmic role
upon him in a triumph for the past.

The history of thought told him to look
for circles as the principles of space;
but observations, not ideas in books
declared ellipses as the orbits' way.

He moved from Greece into the Renaissance
with recognition of complexity,
at times his hope some circling provenance
to rule the skies above Platonically.

Sometimes when his uncertainty grew bleak
he wished his soul's great mentor could still speak.

GIOVANNI KEPLERO

Johannes Kepler credeva che lo spirito,
l'anima di Pitagora, si fosse reincarnato
in lui, così ha attribuito la sua concezione
del cosmo come un ritorno del passato.

La storia del pensiero lo ha consigliato
a prendere i cerchi a costanti dello spazio;
basando su osservazioni, non idee libresche,
la concezione dell'ellisse a base dell'orbite.

Dalla Grecia è passato al Rinascimento
con il riconoscimento della complessità
di riuscire a dimostrare platonicamente
la circolarità dei meccanismi celesti.

A volte, quando la sua incertezza
lo faceva dubitare avrebbe voluto
che il suo grande mentore
ancora parlare avesse potuto.

PYTHAGOREAN DISCIPLE, 202 B. C.

E. tells his students to range far and wide,
and find examples of a natural math
that's comparable to humans'. In a week,
they will discuss:

"I have observed the tide,
precise in its progressions."

"I've found truth
about prime numbers with the chicory;
its petal-counts' blue patterns."

"Raindrops;
leaves;
a ratio's accessible if you
are patient."

"Also one between the dew
and dawn's first rays."

The last to speak:
"I simply sat and watched how sunlight moves
across my garden. Such geometry
compares to humans'. I cannot decide
which one's superior. Depends on mood."

DISCEPOLO PITAGORICO, 202 A.C.

E. dice ai suoi allievi di spaziar in lungo e largo,
e trovare esempi nella matematica della natura
comparabile a quella degli esseri umani.
Tra una settimana, discuteranno:

"Ho osservato la marea,
ne ho calcolato il moto ondoso".

"Ho trovato la verità
dei numeri primi con la cicorietta;
nei disegni blu dei suoi petali".

"Gocce di pioggia; foglie;
con un po' di pazienza si può calcolarne il ritmo".

"Anche tra il rapporto della rugiada
coi primi raggi dell'alba".

L'ultimo a parlare:
"Mi sono semplicemente seduto per osservare
come procede la luce del sole nell'attraversare
il mio giardino con una geometria non inferiore
rispetto a quella di noi umani". Non so decidere
quale dei due sia superiore. Dipende dall'umore".

BLAZE

for Carol

The summer that we climbed the Seven Hills,
the Forum offered up Pythagoras,
his pillared bust agleam in late day sun,
his gaze suggestive of some calculus,
or wistful dreams of long lost abacus.

In ancient places so much time is in
the stones and bones that time can sometimes spill
onto one's fingertips that lightly graze
a marble forehead, eyelid, rounded chin;
before they slip across a lover's palm
and conjure up love's immortality:

not stone's endurance but the surreal calm
that comes to us in sinking sun's red blaze
and fire-blesses your perfect beauty.

BLAZE

per Carol

Quando d'estate visitammo i Sette Colli,
il Foro ci presentò Pitagora: il suo busto
su una colonna risplendeva al tramonto,
il suo sguardo faceva pensare che stesse
calcolando o sognando formule sbiandite.

Nei luoghi antichi si accumula tanto tempo
nelle pietre e nelle ossa che il tempo stesso
si può percepire con le dita che leggermente
sfiorano il marmo d'un profilo, una palpebra,
un mento arrotondato; per poi accarezzare
la mano dell'amante sancendo amore eterno:

non la durezza della pietra, ma la calma surreale
che ci inonda nel rosso fuoco del sole calante
irrorandomi di luce della tua perfetta bellezza.

SWAY

This *red leaf love* defies mortality
for just an instant.

Windstrewn October, yet it warms my blood
as if I were still human.

                      Now a tree
for centuries, with slow days fine to brood
on this and that, an ant's bark-climb, a wren
who's built her nest amidst my lush and gleam
(fast scarleting),

                I find fall's tinted swoon
warms lustrous air, and cloaks me to my roots…

I've had five lives all told, none what they seem—
as gnat, bat, toad, Pythagoras, all truths
and yet mere visages, clay, blur of dreams—
a move from one to none, then back again.

I seek serenity, or love; a friend
to sway with me in wind and cheat the end.

OSCILLAZIONE

Questo *amore di foglie rosse* sfida la mortalità
anche se per un solo istante.

Ottobre spazzato dal vento, eppur mi scalda il
sangue come se fossi ancora umano.

                          Ormai un albero,
per secoli, avrò giorni lunghi e piacevoli per
                                        [riflettere
su tutto, come s'arrampica la formica sul mio
                                        [tronco,
come uno scricciolo s'annida sulla mia testa
                                        [coronata
(residuo del mio trascorso umano).

Percepisco l'autunno perdendomi nel colore,
riscalda l'aria ammantandomi di luce fin alle radici...

Ho avuto cinque vite, diverse una dall'altra
- moscerino, pipistrello, rospo, Pitagora - fonti
di verità pur se di semplici visi, argilla, sogni
                                        [sfumati...
un mutare da uno a nulla, poi di nuovo indietro.

Cerco la serenità, o l'amore; un amico
per ondeggiare con me nel vento e ingannare la fine.

INDICE

PARTE QUINTA:
OSCILLAZIONI   101

www.ingramcontent.com/pod-product-compliance
Lightning Source LLC
LaVergne TN
LVHW091046170726
843494LV00001B/92